Kochen in der Mikrowelle

blitzschnell und kinderleicht

> Autorin: Sabine v. Imhoff | Fotos: Barbara Lutterbeck

Inhalt

Die Theorie

Die Rezepte

Extra

Die Mikrowelle – ein guter Küchenhelfer

Das Mikrowellengerät hat sich inzwischen als praktische Ergänzung zu Herden und Backöfen etabliert. Unübertroffen sind Geschwindigkeit und Sauberkeit bei der Zubereitung von leckeren Gerichten. Gemüse behält seine natürliche Farbe, Fisch lässt sich schonend zubereiten, und viele Fleischgerichte sind im Nu auf dem Tisch. Mit Hilfe der Mikrowellen ist nicht nur Erwärmen und Garen möglich, dieser nützliche Küchenhelfer bietet auch weitere Anwendungsmöglichkeiten. Mit erprobten Rezepten für Fisch, Fleisch und Vegetarisches sowie etlichen Tipps lernen Sie die breit gefächerten Einsatzmöglichkeiten des Gerätes kennen.

1 x 1 der Mikrowelle

So funktioniert die Mikrowelle

Bei konventionellen Garmethoden gelangt die Wärme von außen an das Kochgeschirr und von dort an das Gargut, bei der Mikrowelle dagegen entsteht die Wärme im Inneren der Speise. Dafür sorgen elektromagnetische Wellen, die von einem Magnetron, dem Herzstück eines jeden Mikrowellengerätes, in einer geeigneten Frequenz erzeugt werden. Diese Frequenz liegt im Bereich der bekannten Radio-, Fernseh- und Radarwellen. Sie bringen die Moleküle der Speisenbestandteile in Schwingung, dabei entsteht Reibungswärme, die den Garprozess in Gang setzt. Wichtig ist die optimale Verteilung der Mikrowellen im Garraum. Je nach Gerätetyp übernimmt dies entweder ein „Wobbler" oder ein „Drehteller", der das Gargut gleichmäßig dreht.

1 *Die Verteilung der Mikrowellen erfolgt hier durch einen Drehteller.*

Pluspunkte der Mikrowelle

In der Mikrowelle werden nur die Speisen erhitzt, nicht die zuleitenden und umgebenden Flächen, somit entsteht kein Wärmeverlust.
Im Vergleich zu herkömmlichen Garmethoden spart das Garen in der Mikrowelle nicht nur Zeit, sondern auch Energie, durch die kurzen Garzeiten werden Vitamine geschont, Fett wird nur in kleinen Mengen benötigt und das Gargut behält sein natürliches Eigenaroma. Bei Bedarf können bereits gegarte Gerichte rasch erwärmt werden – am besten gleich im Serviergeschirr – zusätzliches Zubereitungsgeschirr ist überflüssig. Das Vorheizen bei ausschließlichem Garen in der Mikrowelle entfällt ebenso wie die oft mühsame Reinigung des Garraumes. Kleine, unvermeidbare Spritzer lassen sich mühelos beseitigen.

Möglichkeiten und Grenzen

In Sologeräten, die ausschließlich mit Mikrowelle ausgestattet sind, ist Bräunen und Backen nicht möglich, sie sind jedoch für die Zubereitung von Gemüse, Fisch und Aufläufen, die keine Bräunung benötigen, gut geeignet. Sie ist kein Ersatz für das Braten in der Pfanne oder Garen im konventionellen Backofen. Und: Metallgeschirr ist für die Zubereitung in der Mikrowelle ungeeignet, da die Mikrowellen von Metall reflektiert werden und somit das Gargut nicht erreichen.

Die unterschiedlichen Leistungsstufen

Mikrowellengeräte sind mit verschiedenen Leistungsstufen ausgestattet – entsprechend den Einstellungsstufen von Gas- oder Elektrogeräten. Die Leistung wird in Watt (W) angegeben und liegt je nach Gerätetyp im Bereich zwischen 90–900 Watt. Bei den meisten Geräten sind die einzelnen Stufen direkt einstellbar. Es gibt aber auch Geräte mit stufenloser Einstellungsmöglichkeit oder mit entsprechenden Symbolen.

Wichtig: Da nicht alle Hersteller die gleichen Abstufungen verwenden, sind die in den Rezepten angegebenen Garzeiten Orientierungshilfen – eine höhere Leistung erfordert eine kürzere, eine niedrigere Leistung eine längere Garzeit. Die Garzeit richtet sich außerdem nach der Menge des Gargutes. Wenn Sie von den Mengen im Rezept abweichen, gilt als Faustregel:

1 *Leistungsstufen variieren, beachten Sie daher die Herstellerangaben.*

halbe Menge
= halbe Garzeit

doppelte Menge
= doppelte Garzeit

Die neuen Geräte einiger Hersteller haben zusätzlich eine Gewichtsautomatik, bei der nach der Eingabe von Art und Gewicht des Lebensmittels automatisch die richtige Heizart (bei kombinierten Geräten), die optimale Mikrowellenleistung sowie die passende Garzeit eingestellt werden.

Mit den folgenden 5 Leistungsstufen erreichen Sie optimale Ergebnisse:

70–120 Watt: Auftauen empfindlicher Speisen wie Butter, Käse, Fisch und kleine Portionen sowie das Warmhalten von Speisen.

150–240 Watt: Schnelles Auftauen von Fleisch, eingefrorenen fertigen Gerichten und schonendes Garen von Nudeln, Reis und Eintöpfen.

300–360 Watt: Schonendes Garen von Fleisch, Erwärmen empfindlicher Gerichte, z. B. Fisch und Babykost.

500–750 Watt: Ideal zum Erwärmen und Garen von Fisch-, Fleisch- und Gemüsegerichten sowie Aufläufen, rasches Wiedererwärmen bereits fertiger Speisen. Kochen von Süßspeisen.

800–900 Watt: Diese hohen Leistungsstufen eignen sich hervorragend zum Erhitzen von Flüssigkeiten.

Sollte ein Gericht eine längere Zeit benötigen als im Rezept angegeben, z. B. weil das Fleisch noch zu rosa oder der Auflauf noch nicht gar ist, dann können Sie die Garzeit etwas verlängern, aber immer nur in Schritten von 1/2 oder 1 Minute. Gleichzeitig sollten Sie aber die angegebene Leistung belassen und nicht erhöhen.

Die Mikrowelle als Küchenhelfer

1 | Schokolade schmelzen

Zur Zubereitung einer Schokoladenglasur, zum Kuvertieren von Früchten oder zum Einrühren von Schokolade in Süßspeisen oder Cremes 100 g Schokolade oder Kuvertüre in mehrere Stücke brechen und in einem mikrowellengeeigneten Gefäß offen 2–3 Min. bei 360 Watt schmelzen. Die Schokoladenstückchen behalten beim Schmelzen ihre Form. Bevor Sie eventuell die Mikrowellenleistung nachstellen, die Schokolade erst mit einem Schneebesen umrühren, um ein Überhitzen zu vermeiden.

1 *Zum Schmelzen Schokolade oder Kuvertüre in kleine Stücke brechen.*

2 | Gelatine auflösen

Die benötigte Menge Blattgelatine wie immer erst in kaltem Wasser einweichen, ausdrücken, dann in einem Schälchen offen bei 600 Watt in 5–12 Sek. auflösen. Die flüssige Gelatine wie gewohnt unterrühren.

3 | Eis cremig machen

Hart gefrorenes Speiseeis ist schwer zu portionieren und hat in tief kaltem Zustand ein wesentlich geringeres Aroma. Der Inhalt einer 1-Liter-Packung lässt sich in 1/2–1 Min. bei 180 Watt cremig machen. Stellen Sie zunächst die niedrigere Zeit ein, um bei Bedarf die Leistung nochmals nachzustellen.

4 | Saftige Früchtchen

Zitrusfrüchte ergeben beim Pressen mehr Saft, wenn sie vorher 15–20 Sek. bei voller Leistung in der Mikrowelle erwärmt werden.

5 | Trockenfrüchte

Getrocknete Pilze, Getreide und Trockenfrüchte lassen sich rasch in der Mikrowelle aufweichen, z. B. 200 g Trockenfrüchte in ein mikrowellengeeignetes Gefäß geben, mit 6 EL Wasser befeuchten und abgedeckt bei 600 Watt 2–3 Min. quellen lassen.

2 *Trockenfrüchte wie Aprikosen lassen sich blitzschnell aufweichen.*

6 | Knackiger Kinderspaß

Popcorn lässt sich in der Mikrowelle im Handumdrehen herstellen. Dafür den Boden eines hitzebeständigen Gefäßes mit Maiskörnern bedecken und den Mais im geschlossenen Gefäß bei 600 Watt in 2–4 Min. zum Platzen bringen. Vorsicht beim Herausnehmen: Das Geschirr wird sehr heiß!

Gutes Gelingen

Gleich große Teile

Damit die Speisen gleichmäßig garen, sollten alle Zutaten möglichst gleich groß sein. Eine Küchenmaschine ist beispielsweise beim Raspeln und Schneiden von Gemüse und Kartoffeln sehr hilfreich. Auch Fleischteile sollten Sie so vorbereiten, dass die einzelnen Stücke annähernd die gleiche Größe haben.

Bräunung

Eine Bräunung erzielt man nur in Kombinationsgeräten, wenn Grill, Ober- und Unterhitze oder Umluft zugeschaltet werden. Nach dem Garen in einem Sologerät kann das Gericht 3–5 Min. unter dem vorgeheizten Grill des Backofens bräunen. Die Speisen vorher mit Butter, Bier, kaltem Salzwasser oder Honig bepinseln oder ein spezielles Bräunungsgeschirr verwenden.

Umrühren

Wie beim konventionellen Kochen wird auch hier die Wärme durch gelegentliches Umrühren gleichmäßiger verteilt. So vermeiden Sie ein Überhitzen, insbesondere in den Randzonen. Auch durch Drehen und Wenden der Zutaten können Sie das Gar- bzw. Auftauergebnis positiv beeinflussen. In den Rezepten wird extra darauf hingewiesen.

Auftauen

Mit der Mikrowelle lassen sich tiefgefrorene Lebensmittel – vorgegart oder roh – problemlos bei kleiner Wattzahl auftauen. Ein tiefgekühltes Hähnchen ist in etwa 25 Min., ein Pfund Brot in 10 und ein Kuchen in etwa 8 Min. aufgetaut. Damit dünnere Fleischteile nicht zu schnell gar sind, decken Sie diese mit Alufolie ab.

Richtig garen

Die in den Rezepten angegebenen Garzeiten und Leistungsstufen sind erprobt und garantieren ein gutes Gelingen. Beachten Sie zusätzlich die Herstellerangaben Ihres Gerätes. Eine zu niedrige Einstellung braucht unnötig viel Zeit, eine zu hohe Leistung kann das Gericht „zerkochen", was besonders bei Gemüse zu unbefriedigenden Ergebnissen und unerwünschten Vitaminverlusten führt.

Wiedererwärmen

Vorgegarte Gerichte lassen sich in der Mirkowelle optimal erwärmen. Das Essen auf dem Teller sollte dann die gleiche Ausgangstemperatur haben. Eine Mahlzeit beispielsweise aus Gemüse, Teigwaren und Fleisch lässt sich gleichmäßig erwärmen, wenn Sie zuvor alles mit etwas Sauce oder Brühe beträufeln. So vorbereitet, ist ein Tellergericht in 2 Min. bei 600 Watt wieder warm.

Mikrowellengeeignetes Geschirr

Glasgeschirr: Es sollte keine Metallbestandteile enthalten und keinen Sprung haben, sonst platzt es, wenn Wasser eindringt. Es ist zwar oft hitzebeständig, aber nicht immer temperaturwechselbeständig. Deshalb das heiße Gefäß nie auf eine kalte Unterlage stellen.

Keramikgeschirr: Es sollte als „mikrowellengeeignet" gekennzeichnet sein. Führen Sie sicherheitshalber einen Geschirrtest durch: Leeres Gefäß 30 Sek. bei höchster Stufe ins Gerät stellen. Bleibt es kalt, ist es geeignet. Wird es heiß, ist es ungeeignet.

Kunststoffgeschirr: Es ist nur für den Mikrowellensolobetrieb geeignet. Die passende Höchsttemperatur wird vom Hersteller angegeben. Zum Auftauen und Erwärmen kann es direkt aus dem Tiefkühlfach ins Mikrowellengerät gestellt werden.

Bratschlauch: Gemüse und Fische bis maximal 1 kg können im Bratschlauch gegart werden. Das Aroma bleibt erhalten, es entsteht kein Flüssigkeitsverlust. Mit dem Original-Kunststoffband verschließen. Metallclips sind ungeeignet.

Klarsichtfolie: Sie dichtet gut ab, schützt die Speisen vor dem Austrocknen. Sie muss straff gespannt werden und darf das Gargut nicht berühren. Vorsicht beim Entfernen, es kann heißer Dampf entweichen!

Alufolie: Um bei unterschiedlich dicken Teilen, z. B. Hähnchenkeulen oder Fischen, ein ungleichmäßiges Garen zu vermeiden, können dünne Abschnitte etwa nach der Hälfte der Garzeit mit Alufolie abgedeckt werden.

Die Geräte

Für fast jeden Anspruch gibt es das passende Gerät. Ob als Solo- oder Kompaktgerät oder Backofen mit integrierter Mikrowelle – das große Angebot des Handels lässt keine Wünsche offen. Schnelles gesundes Garen – nahezu ohne Fett und Vitamin schonend – ist mit dem Basisgerät möglich. Wer Knuspriges oder Überbackenes liebt, kommt mit der Kombination von Mikrowelle und Grill auf seine Kosten. Mit kombinierten Geräten, die Backofen, Grill und Mikrowelle vereinen, sind alle Garverfahren möglich. Sämtliche Funktionen können auch einzeln genutzt werden. So wird wie beim herkömmlichen Backofen der Braten in kürzerer Zeit knusprig und braun.

Mikrowellen-Sologerät

Mit einem Mikrowellen-Sologerät können Sie schnell auftauen und schonend erwärmen, jedoch nicht bräunen. Jedes Kombinationsgerät können Sie auch mit Mikrowelle alleine betreiben. Im Rezeptteil sind etliche Gerichte, die Sie ausschließlich im Sologerät zubereiten können.

1

Mikrowelle mit Grill

Bei diesem Gerät können Mikrowelle und Grill miteinander kombiniert werden. Es eignet sich besonders zum Zubereiten von Gratins und Aufläufen. Die Bräunung kann durch Bepinseln des Gerichts, wie in den Rezepten oder auf Seite 7 angegeben, noch verbessert werden.

2

Backofen mit Mikrowelle

Mit dieser Spitzenausstattung sind verschiedene Garmethoden möglich. Die herkömmliche Zubereitung mit Umluft/Ober- und Unterhitze kann durch die Mikrowelle unterstützt werden, wodurch sich die Garzeit verkürzt. Mit Hilfe des zusätzlichen Grills wird das Gargut braun und knusprig.

3

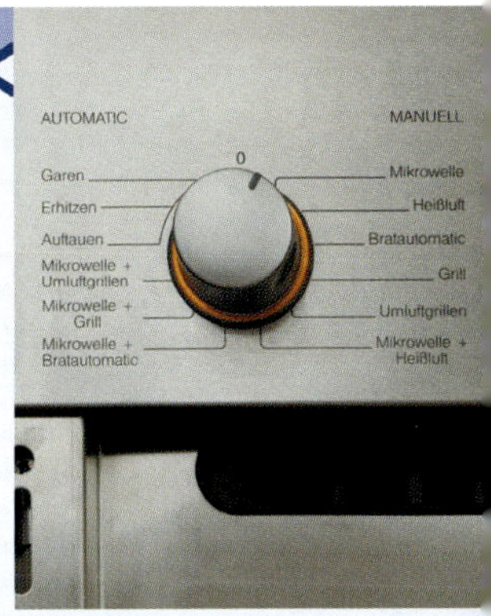

Gemüsebeilagen und Saucen

Brokkoli: 500 g Brokkoli waschen, putzen, in Röschen teilen. Stiele schälen, in Scheiben schneiden und in eine Schüssel geben. 2 Schalotten schälen, sehr fein hacken, mit 1 EL Butter zugeben. Zugedeckt bei 600 Watt 3–5 Min. dünsten. Röschen in einer Schüssel so anordnen, dass sie zur Mitte zeigen. Mit 6 EL Wasser beträufeln, zugedeckt bei 600 Watt 8–10 Min. garen. 2 EL Pinienkerne rösten. 4 EL Butter bräunen. Brokkoliröschen abgießen. Mit Stielen und Butter zugedeckt bei 600 Watt 1/2–1 Min. erwärmen. Mit Salz, Pfeffer und Muskat würzen, Pinienkerne darüber streuen.

Ratatouille: Je 300 g Auberginen und Zucchini putzen, in Scheiben schneiden. Salz und Saft von 1/2 Zitrone darüber geben, 10 Min. ziehen lassen. 2 rote Zwiebeln schälen, in feine Ringe schneiden. 2 Knoblauchzehen schälen. Je 1 gelbe und grüne Paprika waschen, putzen, in Streifen schneiden. 4 Tomaten häuten, achteln. 3 EL Olivenöl in einer Schüssel offen bei 600 Watt 1–2 Min. erhitzen. Auberginen zugeben, zugedeckt 2–3 Min. dünsten. Übriges Gemüse zu den Auberginen geben, Knoblauch dazupressen. 1/8 l Gemüsebrühe darüber gießen. Zugedeckt bei 600 Watt 8–10 Min. dünsten. Mit je 1/2 EL Basilikum, Thymian und Petersilie – fein gehackt – sowie Salz und Pfeffer würzen.

Kartoffelgratin: 1 kg Kartoffeln waschen, schälen und in Scheiben hobeln. 1 Knoblauchzehe schälen. 200 g Sahne in einen hohen Becher geben, Knoblauch dazupressen. Mit 1 TL Gemüsebrühe offen bei 600 Watt 1–2 Min. erwärmen, umrühren. Kartoffeln mit 125 g frisch geriebenem Gouda in eine Gratinform schichten. Oberste Schicht sollte Käse sein. Sahne mit Salz, Pfeffer und Muskat würzen, umrühren und über die Kartoffeln gießen. Offen bei 600 Watt und 160–180° Ofentemperatur oder kleinster Grillstufe 24–26 Min. goldbraun garen.

Möhrengemüse: 500 g Möhren putzen, schälen und in Scheiben hobeln, mit 50 ml Gemüsebrühe und 1 Msp. Zucker in eine Schüssel geben. 1 EL Butter in Flöckchen zugeben. Zugedeckt bei 600 Watt 10–12 Min. garen. 1 Bund Koriandergrün waschen, die Blättchen fein hacken. 2 Schalotten und 1 kleines Stück frischen Ingwer (haselnussgroß) schälen, beides fein hacken. Schalotten mit 1 EL Butter und Ingwe offen bei 600 Watt 2–3 Min. dünsten. Möhren mit Schalotten und Koriander mischen und servieren.

Schwarzwurzeln:
500 g gleichmäßig dicke Schwarzwurzeln schälen, waschen, schräg in Stücke schneiden. In Zitronenwasser legen. Herausnehmen, mit 1 EL Butter und 200 ml Gemüsebrühe in einer Schüssel zugedeckt bei 600 Watt 15–17 Min. garen. 2 Eier hart kochen. 1 Bund Schnittlauch waschen, in Röllchen schneiden. Eier pellen, fein hacken, mit Schnittlauch mischen. Mit Salz und Pfeffer würzen. Schwarzwurzeln abtropfen lassen, salzen und pfeffern. Mit der Schnittlauch-Ei-Mischung servieren.

Zuckerschoten:
500 g Zuckerschoten waschen und putzen. 2 Schalotten und 1 Knoblauchzehe schälen, beides sehr fein hacken. Mit 1 EL Butter in einer Schüssel zugedeckt bei 600 Watt 1–2 Min. dünsten. Zuckerschoten und 50 ml Gemüsebrühe zugeben und zugedeckt bei 600 Watt 5–7 Min. dünsten. Jeweils nach 3–4 Min. einmal umrühren. 4 EL Butter in einem Topf leicht bräunen. Zuckerschoten vorsichtig mit 2 EL frisch gehackter Petersilie mischen und mit der gebräunten Butter servieren.
Tipp: 500 g TK-Erbsenschoten sind mit 50 ml Gemüsebrühe bei 600 Watt in 15–17 Min. gar.

Estragon-Fisch-Sauce:
2 Schalotten schälen, fein hacken, mit 2 EL Butter in eine große Schüssel geben. 1 Tomate waschen, 5 Champignons putzen. Beides in Stücke schneiden, mit 2 EL frisch gehacktem Estragon zu den Schalotten geben. Offen bei 600 Watt 3–4 Min. dünsten. 400 ml Fischfond, 5 EL Noilly Prat und 150 ml trockenen Weißwein untermischen. Offen bei 600 Watt 5–6 Min. aufkochen. 300 g Sahne zufügen, bei 600 Watt 3–5 Min. köcheln lassen. Durch ein Sieb streichen, mit 3 EL hellem Saucenbinder verrühren. Offen bei 600 Watt 2–4 Min. andicken. Mit Salz, Pfeffer und frisch gehacktem Estragon würzen. Passt zu gedünstetem Fisch.

Schalottensauce:
6 Schalotten schälen, halbieren, mit 1 EL Butter in einer Schüssel bei 600 Watt 3–4 Min. glasig dünsten. 1 TL Tomatenmark, 1 EL sehr fein gehackten Rosmarin, 100 ml Portwein, 50 ml Aceto balsamico und 400 ml Kalbsfond aus dem Glas (je nach Gericht ersatzweise Lamm-, Rinder- oder Geflügelfond) zufügen. Offen bei 600 Watt 5–7 Min. köcheln lassen, mit 3 EL dunklem Saucenbinder verrühren und offen bei 600 Watt in 2–3 Min. binden. Passt zu kurz gebratenem Fleisch.

Vorspeisen

Mit diesen appetitanregenden Kleinigkeiten – von „Fingerfood" über edle Fischterrinen bis hin zu leichten Suppen, mediterranen Vorspeisen oder pikanten Spießchen – erhalten Sie einen ersten Eindruck über die Vielfalt der Gerichte, die Sie mit der Mikrowelle im Handumdrehen zubereiten können.

Blitzrezepte

Möhrensnack

FÜR 4 PERSONEN

➤ **12 junge Möhren mit Grün | 1 EL Butter Salz | 1 Prise Zucker | 1/2 Bund Rucola 12 Scheiben geräucherter Schinken, hauchdünn geschnitten | Pfeffer**

1 | Möhrengrün auf etwa 3 cm kürzen. Möhren putzen, schälen und in eine Schüssel legen. Butter in Flöckchen zufügen. Mit Salz und Zucker würzen. Zugedeckt bei 600 Watt in 4–6 Min. garen.

2 | Rucola waschen, verlesen, von den groben Stielen befreien und abtropfen lassen. Möhren mit 2–3 Rucolablättern in jeweils 1 Schinkenscheibe einwickeln, so dass etwas Rucola herausschaut. Möhren anrichten, mit Pfeffer aus der Mühle servieren.

Dattel-Pflaumen-Snack

FÜR 4 PERSONEN

➤ **12 Scheiben Frühstücksspeck, hauchdünn geschnitten | 12 getrocknete Datteln | 1 EL gehacktes Koriandergrün | 12 große Backpflaumen ohne Stein | 1 EL gehackte Rosmarinnadeln**

1 | Speckscheiben quer halbieren. Datteln längs einschneiden, entkernen, mit Koriander füllen und mit Speck umwickeln. Pflaumen einschneiden, mit etwas Rosmarin füllen und mit Speck umwickeln.

2 | Datteln und Pflaumen auf einem Teller offen bei 600 Watt 2 1/2–3 Min. garen, bis der Speck zu brutzeln beginnt. Mit einer Fertigsauce, z. B. Mangosauce oder süßsaurer chinesischer Sauce servieren.

für Gäste

Lachs-Schollen-Timbale

FÜR 4 MIKROWELLENGEEIGNETE FÖRMCHEN (JE 1/8 L INHALT)

- **130 g Schollenfilet**
- **250 g Lachsfilet**
- **Salz**
- **200 g Sahne**
- **Pfeffer**
- **1 Prise Cayennepfeffer**
- **15 Estragonblättchen**
- **Butter für die Förmchen**
- **mikrowellengeeignete Klarsichtfolie**

Zubereitung: 40 Min.
Gefrierzeit: 30 Min.
Garzeit: 4–6 Min.
Pro Portion ca.: 310 kcal

1 | Die Förmchen mit Butter einfetten. Den Fisch waschen, trockentupfen, von eventuellen Gräten befreien. 50 g Lachs fein würfeln und kalt stellen. Restliche Filets grob würfeln und 30 Min. im Gefrierfach anfrieren lassen.

2 | Die angefrorenen Filets salzen, pürieren und die Sahne, bis auf 2 EL, langsam untermischen. Mit Pfeffer und Cayennepfeffer würzen.

3 | Den Estragon fein hacken. Die übrige Sahne steif schlagen. Lachswürfel, Estragon und die geschlagene Sahne unter das Fischpüree ziehen. Masse in die Förmchen füllen. Die Förmchen mit Folie verschließen und die Masse bei 600 Watt 5–7 Min. garen.

➤ Beilage: Die Timbale mit Estragonsauce von Seite 11 und 30 g Forellenkaviar anrichten.

gut vorzubereiten

Kabeljau-Lachs-Terrine

FÜR 1 GLASFORM VON ETWA 1 1/4 L INHALT

- **600 g Kabeljaufilet**
- **250 g Lachsfilet**
- **1/2 Bund Dill**
- **Salz**
- **250 g Sahne**
- **Pfeffer**
- **Cayennepfeffer**
- **100 g Grönlandkrabben**
- **Butter für die Form**

Zubereitung: 40 Min.
Gefrierzeit: 30 Min.
Garzeit: 10–12 Min.
Pro Portion ca.: 440 kcal

1 | Die Form mit Butter einfetten. Fischfilets würfeln und getrennt 30 Min. im Gefrierfach anfrieren lassen. Den Dill waschen, trockenschütteln und hacken. Kabeljau salzen, pürieren und dabei 200 g Sahne langsam einlaufen lassen. Mit Pfeffer und 1 Prise Cayennepfeffer würzen. Die Hälfte der Creme mit Dill mischen und auf den Boden der Form streichen. Die restliche Creme mit Krabben mischen und beiseite stellen.

2 | Lachs gut salzen und pürieren. Restliche Sahne langsam dazugießen. Mit Pfeffer und 1 Prise Cayennepfeffer würzen und auf die Dillcreme streichen. Die Krabbencreme gleichmäßig auf der Lachscreme verteilen.

3 | Die Form mit Folie abdecken. Erst bei 600 Watt 5 Min., dann bei 360 Watt 5–7 Min. garen. Die Folie vorsichtig abnehmen, Flüssigkeit abgießen und die Terrine auf eine Platte stürzen. Zum Servieren in 16 Scheiben schneiden.

im Bild vorne: **Lachs-Schollen-Timbale** *im Bild hinten:* **Kabeljau-Lachs-Terrine** ➤

Klassiker

Rote-Bete-Suppe

FÜR 4 PERSONEN

- **2 Schalotten**
- **2 EL Kürbiskernöl**
- **300 g gegarte Rote Bete (eingeschweißt im Handel erhältlich)**
- **1/2 l Rinderfond (aus dem Glas)**
- **125 g Sahne**
- **1/2 Bund Schnittlauch**
- **1 EL Kürbiskerne**
- **Salz | Pfeffer**
- **Muskatnuss, frisch gerieben**
- **Aceto balsamico**
- **4 TL Schmand**

Zubereitung: 25 Min.

Pro Portion ca.: 205 kcal

1 | Schalotten schälen, fein hacken und mit Öl in einer großen Schüssel zugedeckt bei 600 Watt 2–4 Min. glasig dünsten. Die Rote Bete in Stücke schneiden und mit 175 ml Rinderfond zu den Schalotten geben. Zugedeckt bei 600 Watt 5–7 Min. erhitzen.

2 | Die Rote Bete pürieren, nach und nach restlichen Fond und Sahne zufügen. Die Suppe zugedeckt bei 600 Watt 4–6 Min. erwärmen.

3 | Schnittlauch waschen, trockenschütteln, 8 Halme beiseite legen, den Rest in Röllchen schneiden. Kürbiskerne in einer beschichteten Pfanne ohne Fett rösten. Suppe mit Salz, Pfeffer, Muskatnuss und 1 Spritzer Essig abschmecken. Mit dem Pürierstab nochmals aufschlagen. Den Schnittlauch unterrühren. In Suppentellern anrichten. Mit Schmand, Kürbiskernen und Schnittlauchhalmen garnieren und servieren.

TIPP

Für eine Kürbissuppe 300 g Hokkaidokürbis (mit Schale und ohne Kerne) mit 175 ml Rinderfond bei 600 Watt 15–17 Min. dünsten. Die Suppe wie oben beschrieben fertig stellen. Zusätzlich mit 1 EL frisch gehacktem Ingwer würzen. Statt mit Schnittlauch mit Korianderblättchen garnieren.

für Gäste | exotisch

Möhrensuppe

FÜR 4 PERSONEN

- **500 g Möhren**
- **400 ml Kokosmilch (aus der Dose)**
- **400 ml Geflügelfond (aus dem Glas)**
- **Salz | Pfeffer**
- **4 eingelegte Ingwernüsse mit 2 EL Sirup (aus dem Glas)**
- **1/2 Bund Koriandergrün**

Zubereitung: 20 Min.

Garzeit: 15–17 Min.

Pro Portion ca.: 60 kcal

1 | Möhren putzen, schälen und raspeln. Mit Kokosmilch und 50 ml Wasser in einer höheren Schüssel zugedeckt bei 600 Watt 10 Min. garen. Möhren mit Fond pürieren. Mit Salz, Pfeffer und Sirup bei 600 Watt 5–7 Min. erhitzen.

2 | Ingwernüsse in Scheiben schneiden, auf vier Suppenteller verteilen. Koriander waschen, Blättchen abzupfen, 1 EL fein hacken. Heiße Suppe pürieren, gehackten Koriander zufügen. Über den Ingwer geben, mit Korianderblättchen bestreuen.

im Bild vorne: **Rote-Bete-Suppe** *im Bild hinten:* **Möhrensuppe**

für Gäste

Spargel-Krabben-Salat

FÜR 4 PERSONEN

- 500 g grüner Spargel
- 100 ml Weißwein
- 1 TL Butter
- Salz
- Zucker
- 2 EL weißer Aceto balsamico
- 1 EL Estragonessig
- 2 EL Walnussöl
- 4 EL Olivenöl
- 1 Prise Cayennepfeffer
- 1 mittelgroße Mango (etwa 350–400 g)
- 150 g Grönlandkrabben (ersatzweise Krebsfleisch)
- 1 EL gehackter Estragon

Zubereitung: 35 Min.
Pro Portion ca.: 280 kcal

1 | Den Spargel putzen und in mundgerechte Stücke schneiden. Mit Weißwein, Butter, Salz und 1 Prise Zucker in einem mikrowellengeeigneten Geschirr zugedeckt bei 600 Watt 5–7 Min. garen. Für die Marinade Essig und Öl mit Salz, je 1 Prise Zucker und Cayennepfeffer verrühren.

2 | Den Spargel aus dem Sud heben und noch warm mit der Marinade übergießen. Die Mango schälen, das Fruchtfleisch vom Kern schneiden und würfeln. Mit Krabben, Estragon und Spargel vorsichtig mischen.

für Gäste | gelingt leicht

Geflügelterrine

FÜR 1 TERRINENFORM VON ETWA 1 1/4 L INHALT

- 400 g Hähnchenbrustfilet
- 300 g Sahne
- 120 g Möhren
- 120 g Zucchini
- 150 g gekochter Schinken
- 1 Stück frischer Ingwer (etwa haselnussgroß)
- Salz | Pfeffer
- Cayennepfeffer
- Butter für die Form

Zubereitung: 45 Min.
Garzeit: 20–25 Min.
Pro Portion ca.: 400 kcal

1 | Die Form mit Butter einfetten. Hähnchenbrustfilet würfeln und auf einen Teller geben. Sahne in eine Schüssel gießen. Beides 20 Min. ins Gefrierfach stellen.

2 | Inzwischen die Möhren putzen und schälen. Zucchini waschen und putzen. Beides fein würfeln, in eine Schüssel geben. Mit 1 EL Wasser zugedeckt bei 600 Watt 2–3 Min. garen, dann abtropfen lassen. Schinken fein würfeln. Ingwer schälen und fein hacken.

3 | Das Fleisch salzen und im Mixer oder in der Küchenmaschine pürieren. Dabei die angefrorene Sahne nach und nach zufügen, bis eine glatte Masse entsteht. Die Masse mit den Gemüse- und Schinkenwürfeln mischen. Mit Pfeffer, 1 Prise Cayennepfeffer und Ingwer würzen. In die Terrinenform füllen, mit mikrowellengeeigneter Klarsichtfolie zugedeckt bei 360 Watt 20–25 Min. garen. Die Terrine erkalten lassen, stürzen und in 16 Scheiben schneiden.

➤ Beilage: Gemischter Blattsalat mit Vinaigrette und einem Dip aus 200 g saurer Sahne, 1 Bund frisch gehacktem Koriandergrün, Salz, Pfeffer und Cayennepfeffer.

im Bild vorne: **Spargel-Krabben-Salat** *im Bild hinten:* **Geflügelterrine** ➤

herzhaft

Gefüllte Zucchini

FÜR 4 PERSONEN

- **600 g Zucchini (möglichst dünne)**
- **2 EL Olivenöl**
- **1/2 Bund Petersilie**
- **150 g Bratwurstbrät**
- **1 Eigelb**
- **50 g Kirschtomaten**
- **1 EL frisch geriebener Parmesan**

Zubereitung: 15 Min.
Garzeit: 6–9 Min.
Pro Portion ca.: 210 kcal

1 | Zucchini waschen, putzen und in etwa 4 cm lange Stücke schneiden. Die Stücke aufstellen und das Innere mit einem Ausstecher entfernen und die Zucchini in eine Auflaufform setzen. Mit Öl beträufeln und zugedeckt bei 600 Watt 2–3 Min. vorgaren.

2 | Die Petersilie waschen, trockenschütteln und hacken. Mit Brät und Eigelb und vermengen und die Zucchini damit füllen. Die Tomaten waschen und in Scheiben schneiden. Je 1 Scheibe auf die Zucchini legen und mit Parmesan bestreuen. Die Zucchini offen bei 600 Watt in 4–6 Min. fertig garen.

TIPP

Das Innere der Zucchini fein würfeln. 3 Frühlingszwiebeln putzen, waschen und klein schneiden. 1 orangefarbene Paprikaschote waschen, halbieren, putzen und würfeln. Das Gemüse mischen und zugedeckt bei 600 Watt 3 Min. garen. Risotto wie auf Seite 44 zubereiten und nach Belieben das Gemüse untermischen.

gelingt leicht

Tomaten mit Schafkäse-Oliven-Füllung

FÜR 4 PERSONEN

- **4 große Fleischtomaten**
- **200 g Schafkäse**
- **1/2 Bund Schnittlauch**
- **150 g in Öl eingelegte Oliven (ohne Stein)**
- **Salz | Pfeffer**

Zubereitung: 35 Min.
Pro Portion ca.: 160 kcal

1 | Die Tomaten waschen, den Stielansatz entfernen und von der gewölbten Seite einen Deckel abschneiden. Die Tomaten mit einem Löffel aushöhlen und das Fruchtfleisch in kleine Würfel schneiden.

2 | Den Schafkäse klein würfeln. Den Schnittlauch waschen, trockenschütteln und in Röllchen schneiden. Die Oliven fein würfeln. Mit Schnittlauch, Tomatenwürfeln und Käse mischen. Mit Salz und Pfeffer würzen.

3 | Die Tomaten von innen mit wenig Salz und Pfeffer würzen, mit der Käse-Oliven-Mischung füllen und die Tomatendeckel obenauf setzen. In eine Auflaufform geben und die Tomaten zugedeckt bei 600 Watt 4–6 Min. dünsten.

Beilage: Aufgebackenes Ciabatta oder Baguette mit Olivenöl beträufelt und mit gehacktem Knoblauch bestreut.

im Bild vorne: **Tomaten mit Schafkäse-Oliven-Füllung** *im Bild hinten:* **Gefüllte Zucchini**

herzhaft | fruchtig

Kasseler-Feigen-Spieße

FÜR 4 SPIESSE

- **1 Dose grüne Feigen (210 g Abtropfgewicht)**
- **300 g gekochtes Kasseler**
- **200 g Schafkäse (Feta)**
- **12 Kirschtomaten**
- **12 große Basilikumblättchen**
- **2 EL Feigensenf**
- **4 große Holzspieße**

Zubereitung: 15 Min.
Garzeit: 2–3 Min.
Pro Portion ca.: 330 kcal

1 | Die Feigen in einem Sieb abtropfen lassen, dabei den Saft auffangen. Kasseler und Schafkäse in 12 gleich große Stücke schneiden. Tomaten und Basilikum waschen und trockentupfen.

2 | Feigen, Kasseler- und Käsewürfel, Tomaten und Basilikumblätter abwechselnd auf die Holzspieße stecken. Die Spieße nebeneinander auf einen großen Teller legen.

3 | Den Feigensenf mit etwas Feigensaft glatt rühren. Käse und Kasseler vorsichtig damit bepinseln. Spieße offen bei 600 Watt 2–3 Min. erwärmen.

Beilage: Tomatensalat mit Oliven. Getoastete Baguettescheiben, mit Olivenöl beträufelt und gehacktem Knoblauch bestreut.

schmeckt Kindern

Wurst-Tomaten-Gulasch

FÜR 4 PERSONEN

- **1 Gemüsezwiebel**
- **500 g Tomaten**
- **600 g Fleischwurst**
- **300 ml Fleischbrühe**
- **1 EL Mehl**
- **200 g saure Sahne**
- **2 EL Ketchup | 1 TL Senf**
- **1/2 Bund Basilikum**
- **Salz | Pfeffer**

Zubereitung: 20 Min.
Garzeit: 15–18 Min.
Pro Portion ca.: 555 kcal

1 | Zwiebel schälen, in feine Ringe schneiden und in einer Schüssel zugedeckt bei 600 Watt 6–8 Min. dünsten. Stielansätze der Tomaten entfernen. Tomaten kurz überbrühen, häuten und vierteln.

2 | Fleischwurst häuten und in Scheiben schneiden. Wurst, Tomaten und Brühe mit den Zwiebelringen vermischen. Zugedeckt bei 600 Watt 6–8 Min. garen.

3 | Mehl mit der sauren Sahne, Ketchup und Senf verrühren. Die Mischung unter das Gulasch rühren und zugedeckt bei 600 Watt 2–4 Min. aufkochen. Basilikum waschen, trockenschütteln, einige Blättchen beiseite legen, den Rest in feine Streifen schneiden. Gulasch mit Salz und Pfeffer würzen, anrichten und mit Basilikum garniert servieren.

Beilagen: Mit aufgebackenem Ciabatta als Imbiss am Abend oder mittags mit Pellkartoffeln oder Reis.

TIPP

Sie können das Gulasch statt mit Tomaten auch mit 500 g roten und gelben Paprikaschoten oder mit einer Mischung aus jeweils 250 g Tomaten und Zucchini in Scheiben zubereiten.

im Bild vorne: **Kasseler-Feigen-Spieße** *im Bild hinten:* **Wurst-Tomaten-Gulasch**

Fleisch und Fisch

Zartes wie Fisch und Leber sind fix in der Mikrowelle zubereitet. Probieren Sie die saftigen Heilbuttschnitten, die frischen Forellen im Bratschlauch, die Kalbsleber mit Pesto oder das deftige Kasseler einfach aus. Alles schmeckt superlecker und kann schonend in kurzer Zeit mit der Mikrowelle gegart werden.

Blitzrezepte

Heilbutt mit Pesto

FÜR 4 PERSONEN

➤ **500 g Tomaten | Salz | Pfeffer 4 EL Olivenöl | 150 g gemischte Oliven (ohne Stein) | 1 Zitrone | 4 Heilbuttkoteletts (je etwa 250 g) | 2 Knoblauchzehen | 2 TL Basilikumpesto**

1 | Stielansätze der Tomaten entfernen. Tomaten kurz überbrühen, häuten, in Scheiben schneiden, in eine Auflaufform geben. Mit Salz und Pfeffer würzen. 2 EL Öl darüber träufeln. Oliven darauf geben.

2 | Saft der Zitrone auspressen. Fisch mit Zitronensaft beträufeln, salzen und auf die Tomaten legen. Knoblauch schälen, zum Pesto pressen, mit übrigem Öl verrühren. Fisch damit bestreichen, zugedeckt bei 600 Watt 10–14 Min. garen.

Hähnchencurry

FÜR 4 PERSONEN

➤ **100 g Staudensellerie | 2 Schalotten 2 Knoblauchzehen | 3 EL Erdnussöl 500 g Hähnchenbrustfilet | 4 EL helle Sojasauce | 2 EL Currypulver | 400 ml Kokosmilch (aus der Dose) | 1 EL heller Saucenbinder | Salz | Pfeffer | 2 EL Limettensaft | 1 rote Peperoni in Streifen | 1/2 Bund gehacktes Thai-Basilikum**

1 | Sellerie putzen, in Streifen schneiden. Schalotten und Knoblauch schälen, beides hacken. Mit Sellerie in Öl zugedeckt bei 600 Watt 2–3 Min. dünsten. Fleisch würfeln. Mit Sojasauce, Currypulver, Kokosmilch und Saucenbinder zugeben. Zugedeckt bei 600 Watt 12–15 Min. garen. Mit Salz, Pfeffer, Limettensaft, Peperoni und Basilikum würzen.

herzhaft | gelingt leicht

Kalbsleber mit Salbeipesto

FÜR 3 PERSONEN

- 1 rote Chilischote
- je 1/2 Bund Salbei und Petersilie
- 1 EL gemahlene Mandeln
- 1 EL frisch geriebener Parmesan
- 3 EL Olivenöl
- Saft und Schale von 1/2 unbehandelten Zitrone
- 1/2 Knoblauchzehe
- Salz | Pfeffer
- 1 kleiner Wirsing (etwa 600 g)
- 500 g Kalbsleber im Stück
- Küchengarn

Zubereitung: 25 Min.
Garzeit: 14 Min.
Pro Portion ca.: 375 kcal

1 | Chilischote waschen, halbieren, putzen und in Streifen schneiden. Kräuter waschen, trockenschütteln und hacken. Mit Mandeln, Parmesan, Öl, Zitronensaft und -schale mischen. Knoblauch schälen und dazupressen. Mit Salz und Pfeffer würzen.

2 | Vom Wirsing 5 gleich große Blätter abnehmen, putzen und waschen. In einer Schüssel mit 100 ml Wasser zugedeckt bei 600 Watt 4 Min. blanchieren, kalt abschrecken, abtropfen lassen und überlappend zu einem Rechteck auslegen.

3 | Leber waschen, trockentupfen, mit etwas Salbeipesto rundherum bestreichen und auf den Wirsing legen. Die Blätter einschlagen. Mit Küchengarn umwickeln. Die Leber zugedeckt bei 360 Watt in 10 Min. rosa garen. Mit dem übrigen Pesto servieren.

- Zum Servieren die Leber aufschneiden. Erst zum Schluss salzen, sonst wird sie hart.
- Beilagen: Kartoffelpüree und Wirsing-Sahne-Gemüse aus dem übrigen Wirsing.

würzig | schnell

Glasiertes Kasseler

FÜR 4 PERSONEN

- 250 g Ananasstücke (aus der Dose)
- 800 g gegartes Sauerkraut (vom Vortag)
- 800 g Kasseler (roh geräuchert, ohne Knochen)
- 1 Stück frischer Ingwer (haselnussgroß)
- 2 EL Honig | 2 EL Ketchup
- 1 TL Dijon-Senf
- 1 TL gemahlener Koriander

Zubereitung: 15 Min.
Garzeit: 35–40 Min.
Pro Portion ca.: 610 kcal

1 | Ananas abtropfen lassen, dabei 5 EL Saft auffangen. Mit Sauerkraut mischen und in eine Auflaufform geben.

2 | Die Fettschicht des Kasselers mit einem sehr scharfen Messer im Karomuster einschneiden. Das Fleisch auf das Sauerkraut legen.

3 | Den Ingwer schälen und fein hacken. Mit Honig, Ketchup, Senf und Koriander verrühren. Das Kasseler damit bestreichen und offen bei 600 Watt 15 Min., dann bei 360 Watt 20–25 Min. garen. Fleisch in Scheiben schneiden und mit Ananaskraut servieren.

- Getränk: kühles Bier
- Beilage: Kartoffelpüree

im Bild vorne: **Glasiertes Kasseler** *im Bild hinten:* **Kalbsleber mit Salbeipesto**

gelingt leicht

Geschnetzeltes mit Zuckerschoten

FÜR 4 PERSONEN

- 500 g Zuckerschoten
- 1/2 TL Zucker
- 1 TL Gemüsebrühe
- Salz
- Pfeffer
- 500 g Schweinefilet
- 3 EL Sojasauce
- 1 EL Tomatenmark
- 2 Knoblauchzehen
- 1 Bund Kerbel
- 100 g Crème fraîche
- 1/2 EL Aceto balsamico

Zubereitung: 20 Min.
Garzeit: 21–23 Min.
Pro Portion ca.: 330 kcal

1 | Zuckerschoten waschen und putzen. Mit 75 ml Wasser, Zucker, Brühe, Salz und Pfeffer zugedeckt im mikrowellengeeigneten Geschirr bei 600 Watt 6 Min. garen.

2 | Fleisch in hauchdünne Scheiben schneiden. Sojasauce und Tomatenmark verrühren. Fleisch untermischen. Knoblauch schälen und zum Fleisch pressen. Das Fleisch auf den Zuckerschoten verteilen, zugedeckt bei 600 Watt 15–17 Min. garen.

3 | Kerbel waschen, trockenschütteln und hacken. Crème fraîche mit Essig und Kerbel unter das Fleisch rühren.

- Beilagen: Risotto oder neue Kartoffeln.

fruchtig

Putenbruströllchen

FÜR 4 PERSONEN

- 1 Bund Frühlingszwiebeln
- 1 Knoblauchzehe
- 1 EL Olivenöl
- 1 Bund Basilikum
- 1 Dose stückige Tomaten (500 g Inhalt)
- 1/2 TL Gemüsebrühe
- Salz | Pfeffer
- 1 Prise Zucker
- 125 g Mozzarella
- 600 g Putenbrust (vom Metzger in hauchdünne Scheiben schneiden lassen)
- 3 EL Basilikumpesto

Zubereitung: 20 Min.
Garzeit: 10–12 Min.
Pro Portion ca.: 360 kcal

1 | Frühlingszwiebeln putzen, waschen, in feine Ringe schneiden und in eine Gratinform geben. Knoblauch schälen und dazupressen. Öl zugeben und zugedeckt bei 600 Watt 2–3 Min. dünsten.

2 | Basilikum waschen, trockenschütteln, die Hälfte der Blättchen hacken und die übrigen beiseite legen. Tomaten, Brühe, Salz, Pfeffer, Zucker und gehacktes Basilikum mit den Frühlingszwiebeln verrühren.

3 | Mozzarella abropfen lassen und in dünne Scheiben schneiden. Putenbrustscheiben salzen, pfeffern und mit Pesto bestreichen. Mit Mozzarella belegen und aufrollen. Nach Belieben in ca. 3 cm breite Streifen schneiden und in die Tomatensauce setzen. Offen bei 600 Watt 10–12 Min. garen. Mit restlichem Basilikum belegen und servieren.

- Variante: Das Fleisch können Sie auch mit Bärlauch- oder Salbeipesto bzw. Feigensenf bestreichen.
- Beilage: Nudelnester und italienischer Salat.

im Bild vorne: Geschnetzeltes mit Zuckerschoten *im Bild hinten:* Putenbruströllchen
➤

für Gäste

Lammrücken mit Bärlauchkruste

FÜR 4 PERSONEN

- **je 1 Bund Bärlauch, Petersilie und Kerbel**
- **1 TL Dijon-Senf**
- **2 EL Olivenöl**
- **Salz**
- **Pfeffer**
- **600 g Lammrücken (ohne Knochen und Fett)**
- **1 Scheibe Toastbrot**

Zubereitung: 20 Min.
Garzeit: 10–12 Min.
➤ Pro Portion ca.: 230 kcal

1 | Bärlauch, Petersilie und Kerbel waschen, trockenschütteln und fein hacken. Mit Senf, Öl, Salz und Pfeffer verrühren.

2 | Lammrücken in eine hitzebeständige Form legen. Fleisch gleichmäßig mit der Kräuterpaste bestreichen. Den Toast entrinden, das Innere sehr fein über die Kräuterpaste bröseln. Das Lammfilet bei 180 Watt und starker Grillstufe 10–12 Min. garen.

➤ Beilage: Gratinierte Kartoffeln und ein bunter Salat. Aus Lammfond aus dem Glas können Sie eine Schalottensauce wie auf Seite 11 zubereiten.

TIPP
Die Kräuter können Sie nach Belieben und Saison variieren, z. B. Salbei und Kerbel oder Rosmarin und Basilikum verwenden.

pikant

Mangoldröllchen

FÜR 4 PERSONEN

- **1 altbackenes Brötchen**
- **500 g Mangold (ersatzweise Spinat)**
- **Salz**
- **2 rote Zwiebeln**
- **1 Knoblauchzehe**
- **500 g gemischtes Hackfleisch**
- **1/2 Bund Koriandergrün**
- **3 EL Pinienkerne**
- **1 1/2 TL gemahlener Koriander**
- **1 Msp. gemahlener Kümmel**
- **1 Ei**
- **Pfeffer**
- **1/4 l Gemüsebrühe**

Zubereitung: 35 Min.
Garzeit: 17–21 Min.
➤ Pro Portion ca.: 460 kcal

1 | Das Brötchen in Wasser einweichen. Mangold waschen und die Stängel abschneiden. Die Blätter in kochendem Salzwasser 1 Min. blanchieren, in eiskaltem Wasser abschrecken und auf Küchenpapier ausbreiten.

2 | Zwiebeln und Knoblauch schälen, sehr fein hacken und zum Hackfleisch geben. Den Koriander waschen, trockenschütteln und hacken. Pinienkerne hacken. Beides mit gemahlenem Koriander, Kümmel, Ei, Salz, Pfeffer zum Hackfleisch geben. Das Brötchen ausdrücken und zugeben. Alles verkneten.

3 | Jeweils 1 Mangoldblatt mit 1–2 EL der Füllung belegen. Zusammenrollen, in eine Schüssel legen und die Brühe zufügen. Zugedeckt bei 600 Watt 5 Min. und bei 360 Watt 12–15 Min. garen.

➤ Beilage: Kartoffelbreiplätzchen oder Rosmarinkartoffeln aus der Pfanne.

◄ *im Bild vorne:* **Mangoldröllchen** *im Bild hinten:* **Lammrücken mit Bärlauchkruste**

Klassiker | für Gäste

Forelle „blau“

FÜR 4 PERSONEN

- 3 unbehandelte Zitronen
- 4 küchenfertige Forellen (je etwa 250–300 g)
- Salz | Pfeffer
- 1 1/2 Bund Petersilie
- 200 ml Weißwein
- 125 g Butter
- Bratschlauch

Zubereitung: 10 Min.
Garzeit: 12–15 Min.
Pro Portion ca.: 470 kcal

1 | Den Saft von 2 Zitronen auspressen. Forellen waschen, trockentupfen und mit zwei Dritteln des Zitronensaftes beträufeln, innen und außen salzen und pfeffern. Petersilie waschen und trockenschütteln. Restliche Zitrone in Scheiben schneiden. Forellen mit je 1/2 Zitronenscheibe und 1 Zweig Petersilie füllen. Restliche Petersilie hacken.

2 | Den Bratschlauch 20 cm länger als die Forellen abschneiden und auf einem Teller ausbreiten. Fische in den Bratschlauch legen, so dass jeweils ein Kopf am Schwanzende des nächsten Fisches liegt. Den Schlauch an einer Seite zubinden. Restliche Zitrone und den Wein zufügen. Den Schlauch zubinden. Die Forellen bei 360 Watt 12–15 Min. garen.

3 | Butter in einem Topf erhitzen. Petersilie zugeben und mit dem restlichen Zitronensaft abschmecken. Forellen auf vorgewärmten Tellern anrichten. Petersilienbutter darüber geben, damit die Petersilie nicht braun wird.

Klassiker | gelingt leicht

Waller im Wurzelsud

FÜR 4 PERSONEN

- 4 Wallerfilets (je etwa 200 g)
- 3 EL Weinessig
- Salz
- 60 g Möhren
- 60 g Knollensellerie
- 1 Bund Frühlingszwiebeln
- 1/8 l trockener Weißwein
- 1/8 l Fischfond (aus dem Glas)
- 2 EL Butter
- 1 EL Mehl
- 1 Msp. Safranpulver
- 1 TL Dijon-Senf
- 1 Eigelb
- Bratschlauch

Zubereitung: 30 Min.
Garzeit: 10–13 Min.
Pro Portion ca.: 460 kcal

1 | Die Fischfilets waschen, trockentupfen, mit Essig beträufeln, salzen und in eine Schüssel legen.

2 | Gemüse putzen. Möhren und Sellerie schälen und in feine Streifen schneiden. Frühlingszwiebeln in feine Ringe schneiden. Das Gemüse zum Fisch geben. Wein und Fischfond darüber gießen. Bei 600 Watt 8–10 Min. garen. Butter mit Mehl zu einem Kloß verkneten.

3 | Fisch und Gemüse warm halten. Den Sud durch ein Sieb in eine Schüssel gießen, mit der Mehlbutter verrühren und offen bei 600 Watt 2–3 Min. aufkochen. Safran, Senf und Salz zugeben. Das Eigelb unterrühren. Etwas Sauce über das Gemüse geben. Den Rest extra servieren.

im Bild vorne: **Waller im Wurzelsud** *im Bild hinten:* **Forelle „blau“** ➤

für Gäste

Rotbarsch mit Pinienkruste

FÜR 4 PERSONEN

- 4 Scheiben Rotbarschfilet (je etwa 200 g)
  Saft von 1/2 Zitrone
  Salz | 60 g Butter
  4 EL Noilly Prat (Wermut, ersatzweise Fischfond)
  200 g Parmesan
  150 g Pinienkerne
  2 Frühlingszwiebeln
  200 g Mayonnaise

Zubereitung: 25 Min.

- Pro Portion ca.: 1130 kcal

1 | Rotbarschfilet waschen, trockentupfen, mit Zitronensaft beträufeln und salzen. Butter bei 180 Watt 1/2 Min. weich werden lassen, Fisch damit bestreichen und Noilly Prat darüber träufeln. Fisch in eine Gratinform geben.

2 | Den Parmesan reiben. Die Pinienkerne hacken. Frühlingszwiebeln putzen und in sehr feine Ringe schneiden. Die Mayonnaise in einer Schüssel mit Parmesan, Pinienkernen und Frühlingszwiebeln verrühren. Den Grill vorheizen.

3 | Die Fischfilets mit der Parmesanmasse bestreichen, auf der untersten Schiene bei 600 Watt mit stärkster Grillstufe 4–6 Min. garen.

TIPP

Das Gericht lässt sich sehr gut einfrieren und somit im Handumdrehen zubereiten: 800 g Rotbarsch bei 180 Watt 14–16 Min. auftauen, dabei 1–2 Mal wenden.

fruchtig

Fischcurry

FÜR 4 PERSONEN

- 700 g Fischfilet (z.B. Kabeljau, Gold- oder Rotbarsch)
  2 Knoblauchzehen
  1 Stück frischer Ingwer (haselnussgroß)
  1 TL Currypulver | Salz
  Saft von 1/2 Limette
  180 g Mungobohnenkeimlinge (aus der Dose)
  300 g Bambussprossen
  150 g Ananaswürfel (aus der Dose)
  2 EL Butter
  2 EL Mehl
  150 ml Hühnerbrühe
  1 EL gehacktes Koriandergrün

Zubereitung: 40 Min.
Garzeit: 14–18 Min.

- Pro Portion ca.: 320 kcal

1 | Den Fisch waschen, trockentupfen und in mundgerechte Stücke schneiden. Knoblauch und Ingwer schälen, beides fein hacken und mit Currypulver, Salz und Limettensaft verrühren. Unter den Fisch mischen.

2 | Mungobohnen-, Bambussprossen und Ananas abtropfen lassen, dabei den Ananassaft auffangen. Butter mit Mehl in eine Schüssel geben und bei 600 Watt 1–2 Min. schmelzen. Mit Brühe und 1/8 l Ananassaft verrühren. Offen bei 600 Watt 3–4 Min. aufkochen. Bambussprossen und Ananas klein schneiden, mit den Mungobohnensprossen und dem Fisch unter die Sauce mischen.

3 | Das Fischcurry zugedeckt bei 600 Watt 10–12 Min. garen. Koriander unterheben und servieren.

- Beilage: Reis oder Kartoffelpüree mit Salat.

im Bild vorne: **Fischcurry** *im Bild hinten:* **Rotbarsch mit Pinienkruste**

würzig

Kabeljau mit Senfbutter

FÜR 4 PERSONEN

- **1 küchenfertiger Kabeljau (etwa 1,2 kg)**
  Saft von 1/2 Zitrone
  Salz
  1 dünne Stange Lauch
  50 g Staudensellerie
  1 Zweig Thymian
  1/4 l Weißwein (ersatzweise Fischfond)
  100 g Butter
  1 EL Dijon-Senf
  1 EL kleine Kapern
  2 EL gehackte Petersilie
  Bratschlauch

Zubereitung: 25 Min.
Garzeit: 20–25 Min.
Pro Portion ca.: 395 kcal

1 | Den Kabeljau waschen, trockentupfen, innen und außen mit Zitronensaft beträufeln und salzen. Lauch und Sellerie putzen. Den Lauch längs aufschneiden, gründlich waschen und beides in Streifen schneiden.

2 | Den Bratschlauch etwa 20 cm länger als den Kabeljau abschneiden. Auf einen großen Teller legen und eine Seite zubinden. Kabeljau mit Lauch, Sellerie, Thymian und Wein in den Bratschlauch geben und zubinden. Bei 360 Watt 20–25 Min. garen.

3 | Butter im Topf leicht bräunen. Senf einrühren, kurz aufkochen lassen, die Kapern zufügen. Kabeljau anrichten, mit Senfbutter und Petersilie servieren.

- Variante: Nach Belieben 1/2 gegarte Rote Bete in Würfeln mit den Kapern unter die Butter rühren.

gelingt leicht

Schollenfilet in Paprikacreme

FÜR 4 PERSONEN

- **je 2 rote und gelbe große Paprikaschoten**
  2 Schalotten
  1 EL Olivenöl
  50 ml Weißwein (ersatzweise Brühe)
  150 g Sahne
  Salz | Pfeffer
  Cayennepfeffer
  800 g Schollenfilets
  Saft von 1/2 Zitrone
  1 EL gehackter Estragon

Zubereitung: 45 Min.
Pro Portion ca.: 350 kcal

1 | Paprikaschoten waschen, vierteln und putzen. Die roten Schoten mit der Hautseite nach oben auf einem Teller bei 600 Watt 5–8 Min. garen. Die Schalotten schälen, fein hacken und mit dem Öl in eine Schüssel geben. Die roten Paprikaschoten vom Teller nehmen, die gelben darauf geben und bei 600 Watt 5–8 Min. garen.

2 | Rote Paprikaschoten häuten und in groben Würfeln zu den Schalotten geben. Mit dem Wein zugedeckt bei 600 Watt 4–6 Min. dünsten. Gelbe Paprikaschoten häuten und würfeln. Rote Paprikaschote und Sud mit Sahne pürieren und mit Salz, Pfeffer und 1 Prise Cayennepfeffer würzen.

3 | Schollenfilets waschen, trockentupfen, längs in Streifen schneiden, mit Zitronensaft beträufeln, salzen und aufrollen. Gelbe Paprikawürfel in die Sauce geben. Fischröllchen hineinsetzen, mit Estragon bestreut zugedeckt bei 600 Watt 5–8 Min. garen.

im Bild vorne: **Schollenfilet in Paprikacreme** *im Bild hinten:* **Kabeljau mit Senfbutter** ➤

Aufläufe und Gemüse

Nicht nur der Auflauf, auch die Mikrowelle läuft hier zur Höchstform auf: Ein herzhafter Schinken-Auflauf ist blitzschnell fertig, die Lasagne lässt sich hervorragend vorbereiten und steht für eine große Runde schnell auf dem Tisch. Und für die Zubereitung mit der Mikrowelle kommt der Spargel einfach „in die Tüte“.

Blitzrezepte

Spinat-Tortellini

FÜR 4 PERSONEN

➤ **2 Päckchen TK-Rahm-Spinat (je etwa 300 g) | 250 g Kirschtomaten 1/2 Bund Basilikum | 500 g Frischteig-Tortellini (aus dem Kühlregal) | Salz Pfeffer**

1 | Spinat in einer Schüssel zugedeckt bei 600 Watt 10 Min. auftauen. Stielansätze der Tomaten entfernen. Tomaten kurz überbrühen und häuten. Zum Spinat geben und zugedeckt bei 600 Watt 2–4 Min. erhitzen.

2 | Basilikum waschen, trockenschütteln und in Streifen schneiden. Tortellini in kochendem Salzwasser erhitzen, abtropfen lassen und mit dem Spinat mischen. Mit Salz, Pfeffer und Basilikum würzen.

Schinken-Auflauf

FÜR 4 PERSONEN

➤ **4 Eier | 200 g Frühstücksschinken 1 Bund Schnittlauch | 500 g Magerquark 250 g saure Sahne | 2 EL Speisestärke Salz | Pfeffer | Muskatnuss | Öl**

1 | Eier trennen. Eiweiße steif schlagen. Schinken würfeln. Schnittlauch waschen und in Röllchen schneiden. Eigelbe mit Quark, saurer Sahne, Speisestärke, Schinkenwürfeln und Schnittlauch verrühren. Mit Salz, Pfeffer und Muskat würzen.

2 | Auflaufform einölen. Eischnee unter die Quarkmasse heben und in die Form füllen. Offen bei 600 Watt 14–16 Min. garen. Zum Bräunen den Auflauf 2–3 Min. bei stärkster Stufe unter den vorgeheizten Grill stellen.

Klassiker | für Gäste

Lasagne

FÜR 8–10 PERSONEN

- 2 Gemüsezwiebeln
- 3 Knoblauchzehen
- 3 EL Olivenöl
- 750 g gemischtes Hackfleisch
- 1 Dose geschälte Tomaten (800 g Inhalt)
- 1 Packung passierte Tomaten (500 g Inhalt)
- 150 g Tomaten-Chilisauce (z.B. Texicana-Salsa-Sauce)
- 3 TL Steinpilzhefebrühepaste (ersatzweise Gemüsebrühe)
- 3 große Paprikaschoten (rot, gelb und grün)
- 2 Päckchen TK-Kräuter (z.B. italienische Art)
- Salz | Pfeffer
- 80 g Butter
- 80 g Mehl
- 1/2 l Milch
- 1/2 l kräftige Fleischbrühe
- Muskatnuss, frisch gerieben
- 500 g Lasagneblätter (ohne Vorkochen)
- 50 g geriebener Parmesan

Zubereitung: 35 Min.
Garzeit: 25 Min.
Pro Portion ca.: 610 kcal

1 | Zwiebeln und Knoblauch schälen, fein hacken. Öl in einem großen Topf erhitzen. Hackfleisch unter Rühren kräftig anbraten. Zwiebeln und Knoblauch zugeben und andünsten. Tomaten, Tomaten-Chilisauce und 1 TL Brühe untermischen, bei schwacher Hitze köcheln lassen.

2 | Inzwischen Paprikaschoten waschen, putzen, würfeln, zum Hackfleisch geben und in 5–10 Min. bissfest garen. Mit 1 Päckchen italienischen Kräutern, Salz und Pfeffer kräftig würzen. Die Hackfleischsauce beiseite stellen.

3 | Für die Béchamelsauce die Butter in eine hohe Schüssel geben und offen bei 600 Watt 1 Min. schmelzen. Mehl unterrühren. Bei 600 Watt 1 Min. quellen lassen, Milch und die Brühe unterrühren. Offen bei 600 Watt 8–10 Min. dickflüssig köcheln lassen, dabei zweimal umrühren. Mit restlicher Pilzhefebrühe und Kräutern, Salz, Pfeffer und Muskat kräftig würzen.

4 | Den Boden einer großen Auflaufform mit etwas Hackfleischsauce bedecken und mit einer Lage Lasagneblätter belegen. Abwechselnd Béchamelsauce, Hackfleischsauce, Lasagneblätter in die Form schichten, bis die Zutaten aufgebraucht sind. Mit Béchamelsauce abschließen.

5 | Lasagne mit dem Parmesan bestreuen. In der untersten Schiene eines Kombinationsgerätes offen bei 360 Watt und Umluft 160–180° 20–25 Min. überbacken.

TIPP

Wenn Sie kein Kombinationsgerät haben, können Sie die Lasagne im Backofen bei 160–180° Umluft ohne Mikrowelle in etwa 45 Min. fertig stellen.

gelingt leicht

Auflauf mit Keimlingen

FÜR 4 PERSONEN

- **200 g Sojabohnenkeimlinge**
- **175 g Linsenkeimlinge**
- **je 1 mittelgroße gelbe und rote Paprikaschote**
- **3 EL Sojasauce**
- **3 EL trockener Sherry (ersatzweise Gemüsebrühe)**
- **1 Stück frischer Ingwer (walnussgroß)**
- **50 g Cashewkerne**
- **4 Eier**
- **1/4 l Milch**
- **1 Msp. Sambal oelek**
- **1/2 Knoblauchzehe**
- **Salz**
- **Pfeffer**

Zubereitung: 30 Min.
Garzeit: 21–27 Min.
Pro Portion ca.: 280 kcal

1 | Keimlinge waschen und abtropfen lassen. Paprikaschoten waschen, putzen und in feine Streifen schneiden. In einer Auflaufform mit den Keimlingen mischen. Sojasauce und Sherry mischen und zugeben. Zugedeckt bei 600 Watt 5–7 Min. vorgaren.

2 | Ingwer schälen und fein hacken. Cashewkerne halbieren, in einer beschichteten Pfanne goldgelb rösten. Eier mit Milch, Sambal oelek und Ingwer verrühren. Knoblauch schälen, zur Eiermilch pressen, salzen und pfeffern.

3 | Das Gemüse mit der Eiermilch mischen und bei 600 Watt 16–20 Min. stocken lassen. Mit den Cashewkernen bestreut servieren.

➤ Beilage: Kurz gebratene Puten- oder Hähnchenbrustschnitzel.

herzhaft

Lauch-Putenbrust-Auflauf

FÜR 4 PERSONEN

- **400 g Putenbrustfilet**
- **1 rote Peperoni**
- **5 EL helle Sojasauce**
- **1 gestr. TL Currypulver**
- **Salz | Pfeffer**
- **1 TL gekörnte Hühnerbrühe**
- **500 g Lauch**
- **250 g Champignons**
- **200 g Sahne**
- **1 EL heller Saucenbinder**
- **40 g geriebener Parmesan**

Zubereitung: 35 Min.
Garzeit: 16–21 Min.
Pro Portion ca.: 350 kcal

1 | Das Putenbrustfilet in sehr feine Streifen schneiden. Peperoni halbieren, putzen, waschen und ebenfalls in feine Streifen schneiden. Fleisch mit Sojasauce, Currypulver, Salz, Pfeffer und Peperonistreifen mischen.

2 | Hühnerbrühe in 75 ml heißem Wasser bei 600 Watt in 1/2 Min. auflösen. Lauch putzen, längs aufschneiden, gründlich waschen und in sehr feine Ringe schneiden. Mit der Brühe in einer Schüssel zugedeckt bei 600 Watt 4–6 Min. dünsten. Champignons putzen, achteln und mit dem Fleisch unter den Lauch mischen.

3 | Sahne mit Saucenbinder verrühren und mit den Auflaufzutaten mischen. Zugedeckt bei 600 Watt 12–15 Min. garen. Nach 6 Min. einmal umrühren, den Parmesan über den Auflauf streuen und in der verbleibenden Zeit fertig garen.

im Bild vorne: **Lauch-Putenbrust-Auflauf** *im Bild hinten:* **Auflauf mit Keimlingen** ➤

vegetarisch

Gemüse-Risotto

FÜR 4 PERSONEN

- 250 g Risottoreis (z.B. Arborio)
- 1 TL Steinpilzhefebrühe-paste (ersatzweise Gemüsebrühe)
- 2 mittelgroße rote Paprika-schoten
- 1 Bund Frühlingszwiebeln
- 300 g Tomaten
- 1 Bund Petersilie
- 150 g Emmentaler | 3 Eier
- 100 ml Milch
- Salz | Pfeffer

Zubereitung: 30 Min.
Garzeit: 31–33 Min.
Pro Portion ca.: 480 kcal

1 | Den Reis in eine große Schüssel geben. 600 ml Wasser mit der Steinpilzhefebrühe verrühren, ein Drittel davon mit dem Reis mischen. Zugedeckt bei 600 Watt 15 Min. garen. Nach 5 Min. erneut ein Drittel Brühe unterrühren, bis die Brühe aufgebraucht ist. In den verbleibenden 5 Min. fertig garen, dann nochmals kräftig rühren.

2 | Inzwischen Paprikaschoten waschen, putzen und würfeln. Frühlingszwiebeln waschen, putzen, in feine Ringe schneiden. Beides in einer Schüssel zugedeckt bei 600 Watt 3 Min. garen. Stielansätze der Tomaten entfernen. Tomaten überbrühen, häuten und würfeln. Petersilie waschen, trockenschütteln und hacken. Den Käse reiben.

3 | Eier mit Milch verschlagen. Mit 100 g Käse, Petersilie und Gemüse zum Reis geben, alles verrühren. Mit Salz und Pfeffer würzen. Restlichen Käse darüber streuen und offen bei 600 Watt 13–15 Min. garen.

gelingt leicht

Pilz-Risotto

FÜR 4 PERSONEN

- 30 g getrocknete Steinpilze
- 150 ml Weißwein (ersatzweise Wasser)
- 2 Schalotten | 1 EL Butter
- 250 g Risottoreis (z. B. Arborio)
- 3/4 l Fleischbrühe
- 1/2 Bund Koriandergrün (ersatzweise Petersilie)
- Salz | Pfeffer
- 50 g Parmesan, frisch gerieben

Zubereitung: 15 Min.
Garzeit: 26 Min.
Pro Portion ca.: 330 kcal

1 | Pilze unter fließendem Wasser abbrausen. Mit Wein in eine Schüssel geben. Zugedeckt bei 600 Watt 4 Min. quellen lassen. Schalotten schälen, fein hacken und mit der Butter unter die Steinpilze mischen. Zugedeckt bei 600 Watt 4 Min. dünsten.

2 | Pilze mit dem Reis und 1/4 l Brühe verrühren. Zugedeckt bei 600 Watt 6 Min. garen. Risotto kräftig verrühren und 1/4 l Brühe untermischen. Zugedeckt bei 600 Watt 6 Min. garen. Nochmals verrühren und mit der restlichen Brühe zugedeckt bei 600 Watt in 6 Min. fertig garen.

3 | Koriander waschen, trockenschütteln und hacken. Risotto 1 Min. kräftig verrühren. Sollte es zu fest sein, noch etwas Flüssigkeit zufügen. Mit Salz und Pfeffer würzen, den Koriander untermischen. Parmesan nach Belieben unterziehen oder extra dazu servieren.

im Bild vorne: **Pilz-Risotto** *im Bild hinten:* **Gemüse-Risotto**

gelingt leicht

Fenchel-Koriander-Flan

FÜR 4 FLANFÖRMCHEN (JE 1/8 L INHALT)

- 400 g Fenchel
- 30 g Butter
- 1/2 Bund Koriandergrün
- 2 Eier | 100 g Sahne
- Salz | Pfeffer
- Butter für die Förmchen

Zubereitung: 20 Min.
Garzeit: 16–18 Min.
Pro Portion ca.: 210 kcal

1 | Fenchel putzen, vierteln, den mittleren Strunk herausschneiden. Die Viertel in feine Streifen schneiden und in eine Schüssel geben. Butter in Flöckchen und 3 EL Wasser zugeben. Zugedeckt bei 600 Watt 10 Min. dünsten, bis der Fenchel weich ist.

2 | Koriandergrün waschen, trockenschütteln, fein hacken. Fenchel grob pürieren. Eier, Sahne und Koriander untermischen. Mit Salz und Pfeffer würzen. Förmchen einfetten. Fenchel einfüllen und mit Folie zugedeckt bei 600 Watt 6–8 Min. stocken lassen.

für Gäste

Möhren-Kerbel-Flan

FÜR 4 FLANFÖRMCHEN (JE 1/8 L INHALT)

- 500 g Möhren | 40 g Butter
- 1/2 EL Gemüsebrühe
- 1 Knoblauchzehe
- 1 Stück frischer Ingwer (haselnussgroß)
- 1 Bund Kerbel (ersatzweise Petersilie)
- 2 Eier | 100 g Sahne
- Salz | Pfeffer

Zubereitung: 20 Min.
Garzeit: 16–18 Min.
Pro Portion ca.: 230 kcal

1 | Möhren putzen, schälen, raspeln und in eine Schüssel geben. 30 g Butter in Flöckchen, 3 EL Wasser und Brühe zufügen. Zugedeckt bei 600 Watt in 10 Min.weich dünsten. Nach 5 Min. umrühren.

2 | Knoblauch und Ingwer schälen, beides fein hacken. Kerbel waschen, trockenschütteln und hacken. Knoblauch, Ingwer und Kerbel zu den Möhren geben. Eier mit Sahne verquirlen und unter die Möhren mischen. Mit Salz und Pfeffer würzen. Förmchen mit Butter einfetten, Möhren einfüllen, mit Folie zugedeckt bei 600 Watt 6–8 Min. stocken lassen.

preiswert

Spinatflan

FÜR 4 FLANFÖRMCHEN MIT 1/8 L INHALT

- 100 g durchwachsener Speck
- 300 g TK-Rahmspinat (in Stückchen)
- 1/2 Bund Basilikum
- 3 Eier
- 25 g Semmelbrösel
- Butter für die Förmchen

Zubereitung: 20 Min.
Pro Portion ca.: 285 kcal

1 | Speck fein würfeln und in einer Schüssel zugedeckt bei 600 Watt 1–2 Min. auslassen. Spinat zugeben, zugedeckt bei 600 Watt 3–5 Min. auftauen.

2 | Basilikum waschen, trockenschütteln und in Streifen schneiden. Eier verquirlen. Mit Semmelbröseln und Basilikum unter den Spinat rühren. Förmchen einfetten. Spinatmasse einfüllen und mit Folie zugedeckt bei 600 Watt 6–8 Min. stocken lassen.

im Bild vorne: **Fenchel-Koriander-Flan** *im Bild hinten links/rechts:* **Möhren-Kerbel-Flan/Spinatflan**

Klassiker

Spargel

FÜR 2 PERSONEN

- **1 kg Spargel**
- **Salz**
- **1 Prise Zucker**
- **1 EL Butter**
- **2 Scheiben unbehandelte Zitrone**
- **Bratschlauch**

Zubereitung: 15 Min.
Garzeit: 10–14 Min.
Pro Portion ca.: 50 kcal

1 | Spargel schälen und die Enden abschneiden. Schalen in einer Schüssel mit 400 ml Wasser, Salz, Zucker und Butter zugedeckt bei 600 Watt 5–7 Min. auskochen.

2 | Bratschlauch 20 cm länger als den Spargel abschneiden, auf einem Teller ausbreiten und an einer Seite zubinden. Spargel und Zitronenscheiben in den Schlauch legen. Spargelfond abgießen und 1/4 l in den Bratbeutel füllen. Den Beutel verschließen und bei 600 Watt 12–15 Min. garen. Schlauch aufschneiden, Spargel herausheben und servieren.

Variante: 3 hart gekochte Eier fein hacken. 80 g geräucherten Schinken fein würfeln. 1 Bund Zitronenmelisse in feine Streifen schneiden, einige Blättchen beiseite legen. Abgetropften Spargel anrichten, mit einer Marinade aus 2 EL Zitronensaft, 4 EL Aceto balsamico, 5 EL Walnussöl, 4 EL neutralem Öl, Salz und Pfeffer beträufeln. Mit Schinken, Ei und Zitronenmelisse bestreut servieren. Dazu passt Baguette.

gelingt leicht

Rosmarin-Chicorée

FÜR 4 PERSONEN

- **4 Stauden Chicorée**
- **2 EL Zitronensaft**
- **400 g Tomaten**
- **4 Zweige Rosmarin**
- **200 g Crème fraîche**
- **1 Päckchen TK-Kräuter (italienische Art)**
- **Salz | Pfeffer**
- **4 Scheiben gekochter Schinken**
- **80 g Emmentaler, frisch gerieben**

Zubereitung: 35 Min.
Garzeit: 14–18 Min.
Pro Portion ca.: 355 kcal

1 | Chicorée putzen, halbieren und den mittleren Strunk keilförmig herausschneiden. Die Stauden mit 2 EL Wasser in eine Schüssel legen und mit dem Zitronensaft beträufeln. Zugedeckt bei 600 Watt 6–8 Min. garen.

2 | Tomaten ohne Stielansätze in Scheiben schneiden. Chicorée abtropfen lassen. Rosmarin waschen und trockentupfen. Crème fraîche mit TK-Kräutern verrühren, salzen, pfeffern und den Schinken damit bestreichen. Je 2 Chicoréehälften mit 1 Rosmarinzweig in eine Schinkenscheibe einwickeln und in eine Auflaufform legen.

3 | Tomaten auf dem Chicorée verteilen, salzen, pfeffern und mit Käse bestreuen. Offen bei 600 Watt 8–10 Min. garen, bis der Käse geschmolzen ist. Zum bräunen 3 Min. unter den vorgeheizten Grill stellen.

Desserts

Dank Mikrowelle sind der Dessertklassiker Schokoladenmousse sowie Leichtes und Fruchtiges wie Rhabarber-Beeren-Grütze im Nu zubereitet. Ob Schokolade schmelzen, Gelatine auflösen, Pudding kochen oder tiefgekühlte Früchte auftauen – auch in diesem Kapitel ist die Mikrowelle ein nützlicher Küchenhelfer.

Blitzrezepte

Schokoladenmousse mit Orangenlikör

FÜR 4 PERSONEN

➤ 200 g Zartbitter-Schokolade
100 g Vollmilch-Schokolade
100 ml Milch | 2 EL Orangenlikör
2 Eigelbe | 4 Eiweiße | 1 TL Zucker
200 g Sahne

1 | Schokoladen in Stückchen brechen und mit Milch in einer Schüssel offen bei 360 Watt 4 Min. schmelzen und umrühren. Abkühlen lassen.

2 | Orangenlikör und Eigelbe unter die Schokolade rühren. Eiweiße mit Zucker sehr steif schlagen. Sahne steif schlagen und mit dem Eischnee unter die Schokoladenmasse heben. Etwa 3 Std. kalt stellen.

Zitronen-Weincreme

FÜR 4 PERSONEN

➤ 1 Blatt weiße Gelatine | 3 Eier
6 EL Zucker | Saft und Schale von
1 unbehandelten Zitrone
1/4 l trockener Weißwein
100 g Sahne | einige Minzeblättchen

1 | Gelatine in kaltem Wasser einweichen. Eier und Zucker schaumig schlagen. Zitronensaft, -schale und Wein langsam zugeben und schaumig aufschlagen. Offen bei 360 Watt 2–3 Min. erwärmen.

2 | Gelatine ausdrücken, bei 600 Watt in 5 Sek. auflösen, unter die Eiermasse rühren. Kalt stellen, bis sie beginnt fest zu werden. Sahne steif schlagen und unterheben. In Schälchen im Kühlschrank kalt werden lassen. Mit Minzeblättchen garnieren.

Klassiker

Rhabarber-Beeren-Grütze

FÜR 4 PERSONEN

- 500 g Rhabarber
- 1/2 l Kirschsaft
- 1/2 Stange Zimt
- Mark von 1 Vanilleschote
- 1 Päckchen Vanille-Puddingpulver
- 3 EL Zucker
- 2 EL Orangenlikör (ersatzweise Orangensaft)
- 600 g gemischte TK-Beeren (z. B.Himbeeren, Johannisbeeren, Erdbeeren)

Zubereitung: 25 Min.
Garzeit: 13–18 Min.
Kühlzeit: 1–2 Std.
Pro Portion ca.: 220 kcal

1 | Rhabarber waschen, putzen und in Stücke schneiden. Mit Kirschsaft, Zimtstange und Vanillemark in eine Schüssel geben. Offen bei 600 Watt 8–10 Min. dünsten, bis er weich ist.

2 | Puddingpulver und Zucker mit etwas Saft oder Wasser anrühren. Den Rhabarber umrühren und das angerührte Puddingpulver unterrühren. Offen bei 600 Watt 5–8 Min. binden. Zwischendurch einmal umrühren.

3 | Rhabarber umrühren, mit Orangenlikör und, wenn nötig, mit Zucker abschmecken. Die unaufgetauten Früchte unterheben und die Grütze in einer Schüssel 1–2 Std. kalt stellen.

für Gäste

Cognacgugelhupf

FÜR 1 SILIKON BESCHICHTETE NAPFKUCHENFORM AUS METALL VON 21 CM ∅

- 250 g Butter
- 375 Zucker
- 1/8 l Cognac | 6 Eier
- 200 g gemahlene Haselnüsse
- 50 g gehackte Haselnüsse
- 250 g Mehl
- 2 geh. EL Kakaopulver
- 1 1/2 Päckchen Backpulver
- Butter für die Form
- Puderzucker zum Bestäuben

Zubereitung: 20 Min.
Backzeit: 30–35 Min.
Bei 12 Stück pro Stück: 555 kcal

1 | Butter in einer Rührschüssel offen bei 600 Watt 1/2 Min. geschmeidig werden lassen. Mit dem Zucker schaumig schlagen. Cognac unter kräftigem Weiterschlagen zugeben.

2 | Eier nach und nach unterrühren. Nüsse mit Mehl, Kakao- und Backpulver mischen und unter die schaumige Masse rühren.

3 | Die Form einfetten. Den Teig einfüllen und bei 90 Watt mit Ober- und Unterhitze bei 160–180° 30–35 Min. backen (oder 90 Watt mit Umluft 150–170°). Garprobe machen. Den Kuchen aus dem Gerät nehmen, abkühlen lassen, auf ein Kuchengitter stürzen und mit Puderzucker bestreuen.

TIPP

Der Kuchen gelingt nur im Kombinationsgerät oder konventionell bei gleicher Temperatur im vorgeheizten Backofen (unten) und 35–40 Min. Backzeit.

im Bild vorne: **Rhabarber-Beeren-Grütze** *im Bild hinten:* **Cognacgugelhupf**

für Gäste

Limettenmousse mit Erdbeersauce

FÜR 10 PERSONEN

- 7 Blatt weiße Gelatine
  6 Limetten
  1 unbehandelte Orange
  450 g saure Sahne
  175 g Zucker
  850 g Sahne
  750 g Erdbeeren
  5 EL Puderzucker
  6 EL Orangenlikör (ersatzweise Saft von 1 Orange)

Zubereitung: 40 Min.
Kühlzeit: 5 Std.
- Pro Portion ca.: 470 kcal

1 | Gelatine in kaltem Wasser einweichen. Von 3 Limetten die Schale abreiben und den Saft auspressen. Orange waschen, abtrocknen, Schale abreiben und den Saft auspressen. Saure Sahne mit Zucker, Limettenschale, -saft, Orangenschale und -saft verrühren.

2 | Gelatine ausdrücken und offen bei 600 Watt in 15 Sek. auflösen und unter die saure Sahne rühren.

3 | Sahne steif schlagen, unter die saure Sahne mischen. In eine große flache Schüssel füllen und 5 Std. kalt stellen.

4 | Restliche Limetten auspressen. Erdbeeren waschen, putzen und mit Puderzucker, Limettensaft und Orangenlikör pürieren. Ebenfalls kalt stellen. Die Limettenmousse in Nocken anrichten und mit der Erdbeersauce servieren.

gelingt leicht

Grießflammeri mit Ingwer

FÜR 4 PERSONEN

- 1/4 l Milch
  1 Prise Salz | 50 g Zucker
  40 g Grieß
  1 1/2 Blatt weiße Gelatine
  je 1 unbehandelte Orange und Zitrone
  2 eingelegte Ingwernüsse mit etwas Sirup
  1 EL Orangenlikör (ersatzweise Orangensaft)
  250 g Sahne
  Butter für die Förmchen
  Minzeblättchen zum Garnieren

Zubereitung: 20 Min.
- Pro Portion ca.: 340 kcal

1 | Milch, Salz, Zucker und Grieß mischen. Offen bei 600 Watt 2 Min. erhitzen. Alles verrühren und offen bei 600 Watt 3–5 Min. kochen. Grieß abkühlen lassen, bis er lauwarm ist.

2 | Gelatine in kaltem Wasser einweichen. Orange und Zitrone waschen, abtrocknen und die Schale abreiben. Ingwer sehr fein hacken, mit etwas Sirup, Orangen- und Zitronenschale zum Grieß geben. Mit 1–2 EL Orangenlikör glatt rühren. Gelatine ausdrücken, offen bei 600 Watt 8–10 Sek. auflösen und unter den Grieß rühren. Abkühlen lassen.

3 | Sahne steif schlagen, unter den Grieß heben. Förmchen einfetten, Flammeri einfüllen. Im Kühlschrank erkalten lassen. Zum Servieren die Förmchen kurz in heißes Wasser tauchen, den Flammeri stürzen. Mit Zitronen- und Orangenschale sowie Minzeblättchen garnieren.

- Beilage: Mit einer Fruchtsauce aus Erdbeeren, Himbeeren oder Kiwis sowie Orangenfilets servieren.

im Bild vorne: **Grießflammerie mit Ingwer** *im Bild hinten:* **Limettenmousse mit Erdbeersauce**

schnell

Himbeergratin

FÜR 6 PERSONEN

- 600 g TK-Himbeeren
  3 EL Limettensaft
  1 Päckchen Vanillezucker
  4 Eiweiße
  60 g Zucker
  2 Eigelbe
  3 EL Orangenlikör (ersatzweise Orangengelee)

Zubereitung: 20 Min.
Garzeit: 12–15 Min.
- Pro Portion ca.: 140 kcal

1 | Himbeeren in eine Gratinform geben. Bei 180 Watt 10–12 Min. auftauen. 150 g Himbeeren pürieren, das Püree durch ein Sieb streichen und mit Limettensaft und Vanillezucker verrühren. Himbeerpüree auf den übrigen Himbeeren verteilen. Den Grill des Mikrowellengerätes auf stärkste Stufe vorheizen.

2 | Eiweiße mit Zucker steif schlagen, Eigelbe und Orangenlikör unterziehen. Die Creme über die Himbeeren gießen. Bei stärkster Grillstufe in der untersten Einschubleiste bei 180 Watt 2–3 Min. goldgelb gratinieren.

für Gäste

Mohnmousse mit Rhabarber

FÜR 6 PERSONEN

- 2 1/2 Blatt Gelatine
  60 g gemahlener Mohn
  200 ml Portwein
  350 g weiße Schokolade
  1 Ei
  1 Eigelb
  500 g Sahne
  500 g Rhabarber
  1/4 l Apfelsaft
  1/2 Stange Zimt
  Mark von 1 Vanilleschote
  1/2 Päckchen Vanille-Puddingpulver
  2 EL Zucker

Zubereitung: 55 Min.
Kühlzeit: 5 Std.
- Pro Portion ca.: 730 kcal

1 | Gelatine in kaltem Wasser einweichen. Mohn mit Portwein in eine Schüssel geben und zugedeckt bei 600 Watt 6 Min. quellen lassen. Gelatine ausdrücken, bei 600 Watt in 15 Sek. auflösen. Schokolade in Stücke brechen. Offen bei 360 Watt in 4–5 Min. schmelzen und glatt rühren.

2 | Ei und Eigelb verquirlen, die Gelatine unterrühren. Erst Schokolade, dann den Mohn unterrühren und die Mischung etwas abkühlen lassen. Sahne steif schlagen, unter die Schokoladenmasse ziehen und in einer großen flachen Schale 5 Std. kalt stellen.

3 | Rhabarber waschen, putzen, in Stücke schneiden und mit Apfelsaft, Zimtstange und Vanillemark in einer Schüssel offen bei 600 Watt 6–8 Min. dünsten. Puddingpulver mit etwas Saft oder Wasser und Zucker anrühren. Rhabarber und Zimtstange aus dem Saft heben. Den Apfelsaft mit dem angerührten Puddingpulver verrühren, offen bei 600 Watt 3–5 Min. binden. Rhabarber wieder zugeben und in den Kühlschrank stellen.

4 | Aus der Mohnmousse mit zwei Esslöffeln Nocken formen und mit dem Rhabarber anrichten.

◄ *im Bild vorne:* **Himbeergratin** *im Bild hinten:* **Mohnmousse mit Rhabarber**

gelingt leicht

Gratinierte Äpfel

FÜR 4 PERSONEN

- 4 große Äpfel
- 1 EL Zitronensaft
- 4 TL gemahlene Pistazien
- 4 TL Johannisbeergelee (ersatzweise Preiselbeeren)
- 1/2 l Milch
- 1 Päckchen Vanille-Puddingpulver
- 2 EL Zucker
- Mark von 1 Vanilleschote
- 2 Eier | 2 Kiwis

Zubereitung: 30 Min.
Pro Portion ca.: 245 kcal

1 | Äpfel schälen und das Kerngehäuse entfernen. In eine Gratinform setzen und mit Zitronensaft übergießen. Pistazien mit dem Gelee mischen und die Äpfel damit füllen.

2 | Die Milch mit Puddingpulver, 1 EL Zucker und Vanillemark verrühren und offen bei 600 Watt 4–6 Min. aufkochen lassen, einmal umrühren. Die Eier trennen, die Eigelbe mit 3 EL Vanillesauce verrühren, dann unter die übrige Sauce rühren und über die Äpfel gießen.

3 | Äpfel offen bei 600 Watt 5–7 Min. garen. Den Grill vorheizen. Die Eiweiße mit dem restlichen Zucker steif schlagen, über die Äpfel geben und bei 600 Watt und starker Grillstufe 2–3 Min. überbacken. Kiwis schälen, in Scheiben schneiden und die Äpfel damit anrichten.

weihnachtlich

Lebkuchenauflauf

FÜR 4 FLANFÖRMCHEN MIT 1/8 L INHALT

- 20 g getrocknete Datteln
- 20 g getrocknete Aprikosen
- 3 EL Cognac (ersatzweise Orangensaft)
- 1 EL flüssiger Honig
- 1 EL Mandelblättchen
- 150 g Elisen-Lebkuchen (ohne Schokolade)
- 100 ml Milch | 100 g Sahne
- 1 Msp. Zimtpulver
- 2 Eigelbe | 1 Ei
- 1 Päckchen Vanillezucker
- 1 Prise Salz
- Butter für die Förmchen

Zubereitung: 35 Min.
Pro Portion ca.: 380 kcal

1 | Datteln entkernen. Aprikosen und Datteln sehr fein würfeln, in eine Schüssel geben und mit Cognac beträufeln. Honig und Mandelblättchen zufügen und bei 600 Watt 1–2 Min. erwärmen. Oblaten von den Lebkuchen ablösen. Lebkuchen würfeln und unter die Masse mischen.

2 | Milch, Sahne, Zimt, Eigelbe, Ei, Vanillezucker und Salz verschlagen. Förmchen einfetten, Lebkuchenmasse einfüllen. Eiermilch darauf gießen. Zugedeckt bei 360 Watt in 6–8 Min. stocken lassen.

TIPP

Dazu passen eingelegte Orangenfilets: Dafür 4 Orangen schälen, Filets herausschneiden und in eine Schüssel mit Deckel legen. 1/4 l Weißwein, 100 g Zucker, 1 Stange Zimt, 4 Nelken und das Mark von 1 Vanilleschote in einem Gefäß offen bei 600 Watt 4–5 Min. erhitzen und über die Orangenfilets gießen.

im Bild vorne: **Lebkuchenauflauf** *im Bild hinten:* **Gratinierte Äpfel**

Die Autorin

Sabine von Imhoff lernte Kochen und Haushaltsführung von der Pike auf. Nach Ausbildung zur Hauswirtschaftsleiterin war sie u. a. als Leiterin eines Schulungs- und Informationszentrums für Herde und Mikrowellen tätig, wodurch sie auch Gelegenheit zur Zusammenarbeit mit einem Drei-Sterne-Koch hatte. Die Autorin hat bereits etliche Kochbücher verfasst und hält neuerdings Vorträge zu Ernährungsfragen. Sabine von Imhoff ist verheiratet und Mutter von drei Kindern.

Die Fotografin

Barbara Lutterbeck zählt zu den Top Ten der deutschen Foodfotografen. In ihrem Kölner Fotostudio arbeitet sie seit einigen Jahren für internationale Auftraggeber aus Industrie und Verlagen. Foodfotografie ist neben Landschafts- und Reisefotografie ihr Lieblingsgebiet. Für diesen Band wurde sie tatkräftig unterstützt von den Foodstylisten Stephan Bolling und Oliver Macher.

Bildnachweis

Titelbild: Jörn Rynio
alle anderen:
Barbara Lutterbeck

Redaktionsleitung: Doris Birk
Redaktion: Tanja Dusy
Lektorat: Redaktionsbüro Maryna Zimdars, München
Layout, Typografie und Umschlaggestaltung: Independent Medien Design, München
Satz: Uhl + Massopust, Aalen
Herstellung: Maike Harmeier
Reproduktion: reproteam siefert, Ulm
Druck: Appl, Wemding
Bindung: Sellier, Freising

ISBN 3-7742-6334-5

Auflage	5.	4.	3.	2.	1.
Jahr	2008	07	06	05	04

GRÄFE UND UNZER

Ein Unternehmen der
GANSKE VERLAGSGRUPPE

Das Original mit Garantie

Ihre Meinung ist uns wichtig. Deshalb möchten wir Ihre Kritik, gerne aber auch Ihr Lob erfahren. Um als führender Ratgeberverlag für Sie noch besser zu werden. Darum: Schreiben Sie uns! Wir freuen uns auf Ihre Post und wünschen Ihnen viel Spaß mit Ihrem GU-Ratgeber.

Unsere Garantie: Sollte ein GU-Ratgeber einmal einen Fehler enthalten, schicken Sie uns das Buch mit einem kleinen Hinweis und der Quittung innerhalb von sechs Monaten nach dem Kauf zurück. Wir tauschen Ihnen den GU-Ratgeber gegen einen anderen zum gleichen oder ähnlichen Thema um.

Ihr Gräfe und Unzer Verlag
Redaktion Kochen
Postfach 86 03 25
81630 München
Fax: 089/41981-113
e-mail: leserservice@graefe-und-unzer.de

GU KÜCHENRATGEBER

Neue Rezepte für den großen Kochspaß

ISBN 3-7742-6059-1

ISBN 3-7742-5459-1

ISBN 3-7742-5455-9

ISBN 3-7742-6075-3

ISBN 3-7742-6057-5

ISBN 3-7742-4893-1

64 Seiten, 6,90 € [D]

Das macht die GU Küchenratgeber zu etwas Besonderem:

- *Rezepte mit maximal 10 Hauptzutaten*
- *Blitzrezepte in jedem Kapitel*
- *alle Rezepte getestet*
- *Geling-Garantie durch die 10 GU-Erfolgstipps*

G|U

Gutgemacht. Gutgelaunt.

SAUBER UND SICHER

- Beim Garen mit der Mikrowelle das Gargut immer abdecken, damit es nicht austrocknet oder das Gerät durch Flüssigkeits- oder Fettspritzer verschmutzt wird.

Geling-Garantie für das Kochen in der Mikrowelle

STREICHFÄHIGE BUTTER

- Butter aus dem Kühlschrank wird streichfähig, wenn man sie kurz „antaut".
- 125 Gramm benötigen etwa 30 Sek. bei 180 Watt.

SIEDEVERZUG

- Wird Wasser in der Mikrowelle bis zum Siedepunkt erhitzt, entstehen keine Bläschen. Erst beim Bewegen bilden sie sich plötzlich.
- Dabei schwappt das Wasser über und Sie können sich verbrühen. Stellen Sie während des Erhitzens einen Teelöffel in die Flüssigkeit. Er verhindert diesen Siedeverzug.

PANIERTES ERWÄRMEN

- Panierte Fleischstücke wie z. B. Schnitzel ohne Abdeckung bzw. nur locker mit etwas Pergamentpapier bedeckt erwärmen, da sonst die Panade zu weich wird.
- Die Panade bleibt knusprig, wenn sie mit etwas Öl bepinselt wird.